JN436588

오늘의문학시인선 360

별똥 떨어지는 밤이 그립다

김영숙 시집

오늘의문학사

국립중앙도서관 출판시도서목록(CIP)

별똥 떨어지는 밤이 그립다 : 김영숙 시집 / 지은이: 김영숙
. -- 대전 : 오늘의문학사, 2015
p. ; cm. -- (오늘의문학시인선 ; 360)

ISBN 978-89-5669-721-5 03810 : ₩8000

한국 현대시[韓國現代詩]

811.7-KDC6
895.715-DDC23 CIP2015031195

별똥 떨어지는 밤이 그립다

■ 시집을 펴내며

쌈지에 곱게 접어 차곡차곡 넣어두었던 육십 년의 세월을 수줍게 밝은 햇살에 펼쳐 놓았습니다. 이름 없는 여인으로 살아야 했던 세월, 겹겹이 눈물을 쌓아 탑을 만들고 활활 타오르는 장작불 앞에서 가슴 치며 흐르는 눈물을 말려야 했던 그 세월이 아련한 발자국으로 남았습니다. 현재 내가 서 있는 이 자리에 감사하며, 조용히 버팀목이 되어준 남편, 생각만 해도 눈시울이 뜨거워지는 내 아이들, 긴 세월 형제처럼 보듬어 아껴주고, 격려해 주신 동구문학회 문희순 회장님께 감사드리며, 부족한 나의 시에 대해 관심 베풀어주시고 곡진한 평론을 써주신 시인이시자 수필가 평론가이신 문희봉 고문님께 깊은 감사의 말씀을 드립니다.

2015년 11월
저자 김 영 숙

제1부 정원에서

제2부 그곳에 가고 싶다

제3부 꿈을 향하여

제4부 별똥 떨어지는 밤

제5부 채반들의 나들이

■ 작품해설

제 1 부

정원에서

정원에서

홍매화 영산홍의 미소가
온 몸을 동여매는 정원

꽃들의 노래잔치 한마당
벌 나비 신이나
춤 대회 열었네

아지랑이 사이로
내 청춘 화사한 미소가
너울너울
어울려 춤을 춘다

앵두 익어 가는 집

알알이 맑은 음성들이 입 벌려 노래한다

어서오세요
고사리손 까치발로 날 잡으러
나뭇가지에 매달리던 예쁜 소녀들은 어디에서 무얼 하나요
맛있다고 군침 흘리며 깔깔거리던
단발머리 소녀들은 어디에서 무엇을 하나요
손잡아 보고 싶고 이야기도 나누고 싶어요

통실통실 푸르게 익어가는 유월의 하늘
아가들의 웃음으로 물들이고
파란 나뭇잎에 매달린 청개구리들
엄마 무덤 떠내려 갈까봐
요란스레 우는 여름
싱그럽게 익어가고 있네요

철부지 소녀들 웃음소리
뭉게구름 걸려있는 처마 끝
청개구리들의 애닮은 노래
유월의 파란하늘

알알이 익어가는 싱그러운 앵두
미소가 곱다

농부는 나비만 기르더이다

이랑을 뒤집어 나가는 경운기 발밑에서
알타리 씨앗들이
야—아
탄성을 지르며 숨바꼭질 한다
농부는 이마에 흐르는 땀방울
가시 돋친 손으로 훔치어
해진 옷자락에 닦는다

농부의 까만 눈에선
대청마루에 수북이 쌓인
쌀가마가 보이고
불면 날세라 키워온 아들
대학 등록금 뭉치도 보인다

물가 하락으로, 인건비 상승으로
알타리 다발들이 제 갈 곳을 잃고
이랑에서 꽃을 피웠다
소낙비 쏟아 부은 이랑이랑
널부러진 장다리 줄기에선
농부의 피눈물이 속절없이 흘러내리고
연보라 장다리꽃 위엔

하얀 나비들만
춤사위 이루더이다

영산홍

새벽 이슬에 세수하고
만개한 삼색의 영산홍
입맞춤 하고픈 엷은 입술
현관문 나서는
내 팔을 잡고 늘어진다

이렇게 예쁜 나에게
눈길 한 번 주지 않고
모래알처럼 많은 나날
뭐, 그리 바쁘다고
동동 걸음 치냐며
꾸짖는 소리 귀청을 울린다

그래, 아무리 바빠도
봄을 잉태한 네 얼굴 잠깐 볼꺼나

달리려는 운동화 창을 대지에 누르고
스마트폰 카메라를 열었다
지금, 너와 못 놀면
내년 봄까지 기다려야 할 텐데
그래, 놀자

삼색의 영산홍 화려한 봄을
찰칵 찰카닥 백지 위에 담았다

生 그리고 死

여름 내내
산소를 공급하던 나무들은
낙엽으로
다음 봄을 기약하며
스스로 낙하를 시도하고

사람들은 자식에게
아낌없는 사랑을 베풀고
유전자를 남기며
이름 없는 초야에
백골로 사라진다

말 못하는 동물들도
종족본능으로 새끼를 낳아
지구를 풍성하게 하다
약육강식으로 소멸 된다

이름 없는 들꽃도
바람에 씨앗을 날려
종족을 퍼뜨리며 사그라진다

소멸하는 것이 있어
세상은 아름답게
이어지고 있는 것이 아닐까?

법당

곱던 얼굴 눈가엔
세월이 그어 놓은 실안개
속눈썹 내리깔고
고이 모아 합장한 손

"육자 대명 왕진언 옴마니 반메훔"

미천한 중생
두터운 업장 벗길 수 없어
빗물처럼 두 볼 위로
흘러내리는 눈물

아카시아 꽃

새살 돋아나듯
푸른 잎
온 산하를 물 들 였 네

새하얀 미소로
오월의 산하를 장식한
아카시아 꽃

내 유년의 사랑을
시야에
곱게 펼쳐 놓았네

좋은 씨를 뿌려 보자

무씨 뿌리면 무가 나고
배추씨 뿌리면 배추가 나듯

좋은 열매 얻으려면
좋은 종자를 심어야 한다

만물이 소생하는 봄

움츠렸던 어깨 활짝 펴고
솟아나는 태양 정기 받아
먼지 쌓인 고무신 툭툭 털어

밭으로 나가 보자

흔들리는 꽃

지나가는 실바람에도
넌 온몸을 뒤흔들어야 했다
참새들이 지저귀는 소리에도
넌 소스라쳐 뛰어 나와야 했다

흔들리지 않고 피어나는
꽃이 어디 있으랴마는
넌 심히도 흔들리는 꽃이다

언제쯤이면
제 자리에 꼿꼿이 서서
환한 미소 지을 수 있을까

수많은 꽃들이 다 흔들리며
피어난다 해도
나의 꽃만은 흔들리지 않고
피어나기를……

부질없는 소망일까

아기 상추

아기 재우듯 다독이는 마음으로
텃밭에 붉은 상추씨 뿌렸다
햇살 머금은 건강한 미소로
그 여린 속살 드러내니

내 어린 시절
시골집 풍경
영상이 되어
가슴을 촉촉이 적시운다

앞마당 노란 병아리 줄지어 달리고
바람 머물다 가는 대청마루
된장 뚝배기 쑥, 냉이, 달래 향
미각 돋우며

나폴거리던 아기상추
큰 양푼에 가득 담아
꽁보리밥 비비던
잔잔한 어머니 미소

뻐꾸기 울음 타고
파란 하늘을 수 놓는다

사월

사월이 되면
난 부칠 수 없는 편지를 씁니다

가슴 터지도록 그리운 님이 보고파
까만 밤을 하얗게 새웁니다

연분홍 진달래가 입술을 쩍 벌리고
하품하는 산길을 지나

달팽이 논 괭이질하는
님의 흙 내음이 그리워

앞산으로
한 걸음에 달려가 보곤 하지요

올해도 어김없이 연분홍 진달래는
방실거리고 있는데

한 번 가신 님은
오실 줄을 모르시네요

봄은 편애하지 않는다

봄은 편애하지 않는다
붉은 벽돌 차곡차곡 쌓아올린
모진 돌담 어깨 위에
수줍게 고개 내민
하이얀 목련 갈색 눈꺼풀에도

농부들의 경운기 소음
귓전을 때리는 밭두렁
숫처녀 젖가슴처럼 부풀어 오른
매실나무 꽃봉오리에도

한 가정의 역사를
동영상으로 찍고 있는
아파트 베란다
활짝 미소 짓는
진분홍 영산홍 입술에도

봄은 다정스레 입맞춤 한다

벚꽃

귓전을 때리는 기적의 소음에도
칠흑 같은 어둠
고요의 밤에도

모든 시름, 원망
아름다운 미소로
포근히 수용하는
하이얀 벚꽃들의 향연

티끌만큼의 불편함도
좁쌀만큼의 소음도
수용하지 못 하고
아우성치는 세상 사람들

벚꽃 닮은
아름다운 세상 만들어 갔으면

앵두

올해는 앵두가 풍년이다

유월의 따가운 햇살 먹고
탐스레 익은 앵두

양푼 가득
따다 놓았지만
먹을 사람이 없다

그리도 재롱떨던
이쁜이들
다 어데로 가고

홀로 남아
양푼 가득 쌓여 있는
앵두만
바라보고 있는가

단풍

가슴 속 한恨
얼마나
사무쳤으면

제 몸
속살까지 다 드러내
불사르고도 모자라

파란 하늘까지
불사르려 하는가!

고구마 캐는 날

여린 새싹
유월의 따가운 햇살에
폭신한 흙밭으로 시집 와

커다란 녹말주머니 잉태하니
시월 농부의 마음
환희에 춤추게 한다

그 여린 싹이
흙의 신비로움 먹고
이토록 튼실한 알맹이를 만들다니
이 빨갛고 길쭉한 놈
벽난로에 장작불 지펴 놓고
구우면

집안 가득 퍼지는
구수한 내음에

온가족
입안 가득
군침 돌겠다

저승에서도 보름밥을 챙기시나

팔년 전 저 세상으로 떠나신 시할머니께서
어젯밤 꿈에
매운 연기 솟아나는 무쇠솥에 잡곡밥 지으시어
두 그릇 수북이 퍼서 황토부뚜막에 놓으시길래
찰진 밥이 먹음직스러워 두어덩어리 떼어 먹었다

입맛 다시며 놀라 깨어보니
어느 사이 어둠 걷히고 창밖이 환해진다
이상하다 싶어 달력을 보니
바로 오늘이 정월 대보름 아닌가

보름밥을 해 먹으라는 시할머니의 계시로 생각하고
시장에 들러 나물 몇 가지 찹쌀 잡곡을 사 왔다

저승으로 가신 지가 팔년이나 지났는 데도
아직도 이 손부가 미덥지 못 하신가보다

제 2부

그곳에 가고 싶다

구룡폭포

오색 단풍
품에 안겨

우레 같은 소리로
내리 쏟아

파열되는 폭포음

옹이진 가슴 속
쓸어 내리네

교동리 보호수

육영수 여사 생가 근처 팔각정 옆
금줄 빙
둘러쳐진
수령 400년
허리둘레 5.02미터 노 보호수

의연히 서서 육영수 여사님 일생 말해주고 있네

옥천 하늘 흔드는 여사님 탄생소리
넓은 벌 바라보며 11월의 낙엽 노래 불렀지

단발머리 단정한 옷차림
죽향초등학교 친구들과 손잡고 오가는
귀여운 모습 바라보며 친구 되어 속삭였지요

서울 배화여자고등학교 졸업
옥천여자중학교 가사 담당교사 부임
환호성 치며 옛 친구 반기었지요

박정희 대통령 영부인 되던 날
온 몸 흔들며 대한민국만세 불렀다네

1974년 8월 15일
미치광이 문세광 흉탄에 운명하시니
서러움에 붉게 물든 옥천 하늘
피눈물 교동리 들녘 적시었지요

대전역

자정을 넘긴 대전역
밤이슬 살갗에 살포시
방황의 내 청춘이 반갑다고 인사를 하네

기적소리 아련히 멀어져가고
플랫트홈을 걸어 나오는 아들의 얼굴에서
기억 저편 희망의 무지갯빛으로
안아주시던 어머니의 미소를 본다

내 청춘 방황의 질긴 끈
아들의 바짓가랑이를 잡아
수없는 기적소리를 밟는다

눈가에 촉촉이 맺힌 이슬
아들의 가슴을 포근히 안아준다
꿈과 사랑 실은 열차
쉼 없이 달리고 있는 대전역

대청호수 · 1

유년의 첫사랑
흠뻑 머금은 대청호수
내 그리움의 호수입니다

옛 동무들의
웃음으로 가득한
호수의 얼굴은
처연하기까지 하지요

친구들의 안부가 그리워지면
형제들의 웃음소리가
귓전을 울리면

소리 없이 다가서는 바람처럼
세월의 시계바늘을 되돌려
바람의 시속으로
호숫가에 발을 딛고 섭니다

대청호수 · 2

뒤틀린 심사
울적한 마음
한껏 풀어내고 싶을 때면
그곳에 간다

형제들의 애잔한 사랑
부모님의 고단한 삶
짓궂은 친구들의 우정
하마되어 삼켜버리고
천연스레
파란 미소 짓는 곳

고단한 일상 내려놓고
마음껏 소리쳐 보기도 하고
유년을 회상하며
미소 머금어 보기도 하니

아가!
부르는
다정스런 님의 음성

물살 가르며 달려와
포근히 시린 몸을 안아 준다

영랑 생가에서

꿈에나 가보자 했던 곳

모란이 피기까지는
삼백예순 날 하냥 섭섭해 우옵내는
동백 잎에서 끝없는 강물이 흐르는
오-매 단풍들것네
장꽝 위로 날라 오르는 감잎을 보며
찬란한 슬픔의 봄을 기다리는 곳

빗줄기 가르고 설레며
늙은 마루 끝에 마음을 내려놓는다

아직도 넓은 마당을 바라보며
모란이 피는
찬란한 슬픔의 봄을 기다리는
님의 옷자락을 잡아본다

신흥동

오래된 구도심
철새, 기러기, 모여들 듯
몇십 년 전 이곳 떠나 객지에서 떠돌던 사람들이
다시 집을 사러 오는 곳이다
허리 굽은 노인네 파지 가득 손수레 끌고
속바지 입고도 길거리에서 부끄럽지 않게 이야기하는
40년 된 부동산 중개인 할아버지
속치마 뜯어 커텐으로 쳐놓고
누구네집 수저가 몇 벌인지 다 안다네
너스레 피우시는
길바닥에 농사지은 콩이며, 고추며
넓게 펼쳐놓아도
자동차 바퀴를 돌려가며 방긋이 웃는
털 복숭이 강아지떼 우르르 달려 나오는
골목마다 펄럭이는 깃발 하나, 두 개쯤 보이는 건
태극기가 아닌 무속인의 깃발

계족산 산행

뜻 맞는 벗님네와
삼복 더위 불볕에
끈적이는 땀으로
샤워를 하며
절고개 정상을 향한다

갑자기 어디서
몰려오는지
천둥 먹구름
머리 위로 맴돌더니
성난 바람, 소나기
미친 듯이 쏟아 붓는다

우비 입은 등산객들
황톳길
맨발로 발걸음 재촉한다

천둥 번개 사라지고
절 고개서 만난 초등 벗과
임도 삼거리
벚나무 아래 자리하고

돼지껍데기 안주, 중약막걸리 한 잔

하하하……
호호호 웃음소리

계족산 산신령 시끄럽다 하신다

목면시배유지

죽기 전에 또 올 수 있을까
생각했는데
살아있으매 다시 왔네

의생활의 선구자
삼우당 문익점 선생 면화사랑이
가득 담긴 보물창고

아욱과에 속하는 1년생 초본식물
목면종자

머나먼 원나라서
붓두껍속 가마타고
30세 신경동당에 급제한
천재 호의 받으며

산청군 기름진 옥토로 시집와
만대를 이을 자손 퍼뜨렸으니
경남의 자랑거리 되었네

목면종자 생의

전 과정을 한눈으로 볼 수 있도록
사진, 글, 영상, 모형으로 전시되어
우리들의 이해를 돕고 있는
목면시배유지

650년 전
우리 민족의 생활상
한 작은 공간에서
단돈 천원의 입장료로
만끽할 수 있다는 것에
감사함을 느끼며

전시관 한 바퀴 돌고 나오는데
마네킹에 입혀놓은 생활 한복
왜 그리 멋있는지

고유의 멋이 피부에 다가와
옆에 서있는 꺼벙한 남편
옷 한 벌 입혔더니
주름진 얼굴에 함박웃음 피었다

약수터 풍경

나무들 풍성한 파란 잎
선들바람 붙잡아
이마 위에
살포시 얹어 놓는
용천약수터

사람들 저마다 특급수의 생명수 담고
가을이 문턱에 서성임을 알리느라
귀청이 터져라
노래하는 애닮은 매미들

죽~~~
늘어선 발들
기다림의 인내를 시험하고
바쁜 사람 적은 물병
양보의 미덕 베푸는

팔월의 화사한 아침햇살
인사하는
용운동 용천 약수터는 분주하다

판암골 단오한마당 축제

징소리 울려 퍼진다
산소골 청솔나무들 함께 어울려 신바람 났다

일 년 중 기가 가장 왕성하다는 단오
과거에는 수릿날이라고도 하였으며
중오절重五節 천중절天中節 단양端陽이라고도 했다

단오의 단端자는 첫 번째를 뜻하고
오五는 곧 다섯五과 통용되는 글자라 하고
달과 날이 겹치는 5월 초 5일을 명절로 기리는 것은
동양의 음양철학에 기인한다 한다

가훈써주기, 단오부채만들기, 창포머리감기, 그네뛰기
민속씨름대회, 노래자랑 등등 동구가 종일토록 신이 나고
송송 썰은 김치고명 잔치국수 한 그릇
흥겨이 춤추는 하루

살찐 5월 푸른 하늘 아래
여러 봉사단체 단원들의 노고
값진 땀방울 판암골 거름 되었네

그곳*에 가고 싶다

눈 내리는 밤이면
그곳에 가고 싶다

하이얀 솜이불 덮인 초가지붕 처마 끝엔
내 키만한 고드름 키 자랑하고
저녁상 일찍 물리신 아버지는
커다란 떡메로 볏 짚단 흠씬 두들겨
가마니 틀 앞에 앉으셨지요

엄마는 바늘대질
아버지는 바디질
반딧불 같은 호롱불은 가물가물
어린 동생 볏단 위에 뒹굴며 깔깔거리고
뒷산 바위 집 부엉새는 부엉부엉
질화로에 가득 묻어 놓은 밤고구마 내음
온 방안에 가득한 밤

지금 그곳은 자취 없고
내 어린 시절
온 집을 흔드는 아버지 떡메 소리
어머니 바늘대소리

뒷산 부엉이 울음
질화로에 밤고구마 익는 냄새 나지 않는
물고기의 무도장이 되어 버린
꿈에서나 갈 수 있는 곳

거기, 그곳에 가고 싶다

*그곳 : 대청호 수몰지구가 된 곳

연등

다색의 영산홍
하품하는 오월

바다보다 맑고 푸른 하늘 아래
거미줄 같은
철사 줄에 몸 매달아

둥근등 네모등 연꽃등 팔모등
실바람 손잡고
서원 세우며

인자한 미소 담아
어리석은 중생들 마음 밝히려
너울너울 춤사위 이룬다

제단

춘향의 사랑이 깃든
우리나라 대표적인 정원 남원고을
월매집 뒷마당 장독 옆
정갈하게 쌓아놓은
제단 앞에
정한수 가지런히 떠놓고
아직도 월매는 소원을 빌고 있었다

밤이슬 촉촉이 젖은 옷자락
살며시 여미고
가지런히 두 손 모아 기도를 한다

제단 앞에 선 나 또한 월매가 된다
이제 곧 고등학교 삼학년이 될
아들을 위해
정한수 받아 제단에 올려 놓고

하얗게 비운 마음
두 손 모은다

화개장터

화개장터 가로수 꽃비를 맞으며
거리를 거니니
전라도와 경상도를 가로 지르는
조영남 화개장터 노래가
머리 위를 맴 돈다

정겨운 초가 시장
녹차막걸리, 투툼한 오징어파전
바다를 몸 안 가득 안고 온 재첩국
미각 돋으며
상춘객의 발목을 잡는다

남간정사

낮은 야산 기슭에
유월의 푸르름으로 안긴 남간정사

연못으로 흘러드는 물소리
잉어들의 노래가 들릴 듯한
잔잔히 떠 있는 수련 밑으로
무리지어 헤엄치는 비단잉어
뒤를 따르는 새끼잉어들

조선조 중엽의 대학자인
우암 송시열 선생의 제자들이
선생을 따라 움직이듯
잉어들의 모습 분주하다

제 3부

꿈을 향하여

고려청자

고아라 고아라
내 어머님
내 사랑같이 고아라

푸르다 푸르러
가을하늘
내 아버님 마음같이 푸르다

어느 님의 고운 숨결
고운 자태
못다 이룬 사랑
청자빛으로 고아라

절구

토담 옆 허물어져 가는 헛간 구석에선
늘상 절구 소리가 들립니다
까끄러운 보리 한입 가득
누런 나락 한입 가득
쉴새 없이 내리찧고 있습니다

땀방울로 얼굴을 씻고
흥얼대는 한의 노래 들으면서
반세기半世紀넘는 세월
늘어가는 주름살을 어루만지며
열무김치 담그신다
빨간 고추 콩콩 빻으시던 쪽진 하얀머리
담담히 제자리를 지켰지요

어느 때부터인가
문명文明이란 놈이 찾아와
나락 가득하던 입을 막아버렸답니다
그 삶을 뒤로하고
이젠, 흥얼대던 노래도
흘러내리는 땀방울도
받을 수 없게 되었답니다

허나, 우리 집 헛간에선 절구 소리가
끊이질 않고 들려옵니다
허물어져 가는 토담 옆에서
쉴새 없이 내리찧는 소리가 들립니다

꿈을 향하여

저 높은 곳을 향하여
험한 가시밭길
온몸에 피투성이 되어
진물 마를 날 없어도
쉬지 않고 걸었습니다

남들이 오르는 곳에
나 또한 오르기를
넘어지고 또 넘어져도
다시 일어나 걸었습니다

드디어 저 높은 곳에
두 발을 힘차게 딛고 섰을 때
환희의 눈물이 가슴에서
도랑물처럼 흘러 내리네요

발아래
걸어온 발자국들이
보석되어 빛을 발하고 있네요

결혼 28주년

찬바람 옷깃을 여미게 하는
초겨울의 문턱 앞에서
결혼 이십팔 주년을 맞이했다
잡을 수 없는 것이 세월이라 하였던가

어느덧 건강을 염려할 나이가 되었다는 것
무엇하나 뚜렷하게 이루어 놓지도 못한
세월의 얄미움에
나 자신에 대해 분노한다

내 아이들이
이 사회에서 필요한 인재가 되었다는 것의
고마움에 앞서
내 귀밑머리가 윤기 없이
탈색되어 간다는 것에 대해
허허로움 산고의 가슴이다

아직도 마음은 따스한 봄
파릇한 새싹인데
몸은 수액 잃은 가을 낙엽 되어
방황하고 있다는 것에 대해

세월

아무런 조건도 바람도
소리 소문 없이 찾아와 준
인심 좋은 고마운 너

별빛 눈동자 고사리 손
풍만한 젖가슴에 얼굴을 묻고
포만감에 젖어 새근새근 잠들던
나의 천사에게로

청하지도 못했는데
다정한 눈빛으로 다가와
보름달 같은 고운 얼굴
만들어 놓았네

고요히 펼쳐진 사랑스런 잠든 모습
살짝 이불 들추고 살며시 손잡아 보니
어느 것이 어미 손이고
어느 것이 천사의 손인지
분간하기 어려웠네

내, 두 팔 크게 벌려

포근한 가슴으로
너를 포옹하여 주리라

한恨 서린 세월

내 한恨 서린
세월이
서러운 세월을 잉태하여

내 한恨 서린
세월이
서러운 세월을 낳아

내 서러운
세월에
서러움에

까만 밤을
신발 없이 걷는다

수련Bob Trickett

형형색색의 수련들이 제각기
아름다운 자태를 푸른 하늘 아래 뽐내고 있다
오묘한 색깔로, 달콤한 꿀로, 향기로운 향으로
비행하는 벌들을 유혹해 본다

허나, 유혹한다 해서 다 유혹당할 벌들은 아니다
유심히도 많은 벌들을 유혹한 보라색 꽃술이 있어
자세히 들여다보니
고물고물 모여든 벌들은 정신없이 꿀을 빨고 있었다

무엇 때문에 다른 꽃술보다 더 많은 벌들을 유혹했을까!
흥미를 가져봄직 했다
이유인즉
다른 꽃술보다 더 진한 향기로운 향을 발산하는 것이었다
세상의 모든 이치는 거저가 없는 것 같다

이 미천한 사람도 수련Bob Trickett을 닮아
남들보다 다른 달콤한 향으로
아름다운 사람들을 불러 모으는 사람이고 싶다

낙엽

살을 에는 칼바람 속에서
숨 죽여 가슴가득 싱그러운 꿈 안아 보듬었다
초록의 새싹 움트는 소리 놀라 잠 깨어
꽃들의 세상 나비들의 춤판 함께 어우르니

홍겨움 전류 되어
가슴에 숨겼던 꿈 불꽃처럼 터뜨려
땡볕 아래 시원한 그늘
오가는 이들에게 아낌없이 내려주었지

계절을 놓지 못한 푸른 잎사귀 위로
된서리 무정한 놈 하얗게 분칠하니
고이 간직하던 혈관의 수액마저
허공에 보시하고
갈 곳 없는 나그네 되어
바람 한 점에 바스러지는 몸 맡긴다

진눈깨비

새벽부터 비는 주룩주룩
흙 묻은 작업화 신고
어둠 헤치며 나간 남편

감기 들까 염려되어
머릿속이 복잡한데
내리던 비는
몰아치는 바람과 함께
진눈깨비로 변하여
복잡하던 마음 뒤흔든다

머리 위에 고드름 얼 것 같다
젖은 신발 속은
동상이 자리 잡을 듯도 싶고

매서운 바람 휘날리는 진눈깨비
그칠 기미는 보이지 않고
가까이 보이는 하늘은
내 마음처럼 어둡다

가지 하나 떼어

갈바람 상쾌하게
살갗을 어루만질 때

세상에
고고성 울린 지
삼십오 년

물 주고 거름 주고
기도 심어
하늘 닿을 정성으로
곱게 키운 여린 가지
떼어내

온갖 시름과
아픔도
함께 묶어
옥토에 고이 심었네

풀벌레까지 내 나이에 보탬을 준다

하루의 고된 일상을 마치고
이제 꿈나라 갈 시간
오늘 밤은 어느 곳에서 헤메일는지
열어 놓았던 창문을 닫는다

밤이야 어서 가라 목청이 터져라
귀청을 울리는 풀벌레의 노래
지루한 여름 장마도
짜증스럽던 무더위도
빠른 걸음 재촉하는 팔월의 마지막 주
어느 사이 가을이 슬며시 얼굴을 내민다

벌써 사 계절 중 두 계절이
옷을 벗는구나
풀벌레야 좀 느리게 울면 안 되겠니?
설경 속을 걷게 되면
내 나이 환갑이란다

다시 창공으로

터질 듯 부풀어 오른
꽃봉오리
부서질까 두려워
솜털로 겹겹이 쌌었지요.

하룻밤 사이
기와집 열두 채
지었다 부쉈다
가슴 가득 넘쳐흐르던 야망

만인을 호령하며
하늘을 날으려던 위용은
포말 되어
회갑의 춤 사이로
날아가 버리네요.

세파에 시달려
말라버린 가슴에
실뿌리 하나를 내리고
저녁노을에 나래 펴
창공으로 비상합니다.

석양의 황홀함
치맛자락에 담아
가을 하늘을
곱게 수놓으며.

가을마당

무더위 먹고 자란
빨간 고추 수액
홀짝이는
따사로운 햇살
춤추는 가을 마당

비행하는 고추잠자리 아래
어머니의 찌릿한 가슴이
함께 어우르고

멈출 줄 모르는
나의 긴
고단한 일상이
손을 잡는다

이름 없는 여인이 되어

단발머리 소녀
고운 꿈 접어두고
풀 한 포기에 한을 심는
여인이 되었습니다

초롱초롱 어린 눈망울들
가르치겠다던
그 꿈 접어두고
비탈진 밭이랑의 감자 캐는
여인이 되었습니다

주렁주렁 텃밭의
붉은 고추 따며
자연에 감사하는
여인이 되었습니다

울타리 밑의
늙은 호박 따 올리며
행복해 하는
이름 없는
여인이 되었습니다

삼 년만의 귀향

뼈 마디 녹아내리고
살갗이 닳아 거름으로 보태진 곳
다시는 돌아오지 않으리라
떠난 자리

가녀린 가슴 칼날로 에인 상처
세일 수 없는 번뇌의 굴레에서 허덕이다
상처투성이로 시리게 서 있다

긴 세월
거미줄 무성한 집
포근히 안아준 과수나무들
방황 끝낸 못난 주인
원망 없이
푸른 손 내밀어 안아 준다

정해년을 보내며

정해년 십이월의 끝자락에 서서
푸른 하늘 이고
땅을 밟고 서 있음에 감사해 본다
많고 많은 사연들이
내 여린 살갗을 파고들었던 한 해

뭇꽃 나비들 춤사위 이루던
연초록의 봄도 잊고
폭포처럼 내리 쏟는 소낙비 속에서
바쁜 일상에 발이 붓도록 허덕이고
여린 가슴 불사르는
가을 산행 한 번 못 했어도
후회 없는 한해로 작은 가슴 채우고 싶다

허수아비 참새 쫓는 소리
들판에 울려 퍼질 즈음
쉼 없이 흔들리며 가슴 태우던
말썽쟁이 세 번째 꽃도
듬직한 배우자를 만나 뿌리를 내리니
곧 태어날 조막만한 손자 놈이
벌써부터 눈앞에서 재롱을 떤다

결혼 31주년 기념일

앙증맞게 포장된 예쁜 꽃바구니
아빠엄마 결혼 대박 축하
예쁜 연둣빛 리본 달고
사무실 책상 위로 배달 되었네

조심스레
투명 비닐포장을 벗기니
향기로운
국화 향기가 후각을 마취 시켰네

연자주빛국화, 노오란국화, 연분홍장미
앙증스럽게 수줍은 미소 머금은
이름모를 꽃으로 장식된 꽃바구니
삼십일 년의 세월을 고이 품고 있었네

사남매의 정성어린 사랑이
온 몸을 칭칭 동여 맸네

제 4 부

별똥 떨어지는 밤

여인들의 상像

뱅글뱅글 풍뎅이처럼 도는 세상
먹장구름 드리운 얼굴로
질퍽하게 퍼질러 앉아
고뇌의 삶을 마시는 여인의 상像

기대
희망
온몸으로 부비며
여유로움
찻잔 가득 마시는
생명력 넘치는 여인의 상像

벚꽃들의 향연 벌이는 길가
어느 허름한 칼국수 집
나른한 오후의 풍경

어머니의 미나리꽝

아지랑이 앞세운 봄이 찾아왔습니다. 장독 옆에 조그마하게 만들어놓은 미나리 밭에 파란 싹이 자라나고 있습니다.

어릴 적 기억이 한걸음에 달려옵니다. 검정 고무신에 망태기 울러 메고 조약돌 드러나는 도랑길 따라 작은 호미로 파릇한 미나리 캐어 망태기에 담으시며 환한 미소 지으시던 어머니.

싸리문 밖 작은 미나리꽝에 몸배 바지 걷어 올리시고 미나리 심으셨습니다. 쏙쏙 자란 파란 미나리 베어 맛있는 양념장에 버무려 커다란 양푼에 보리밥 가득 비벼 살랑바람 부는 대청마루에 둘러앉아 보리밥 먹으며 미나리 캐던 이야기 즐겁습니다.

장독 옆 미나리 밭의 미나리는 어린 시절 싸리문 밖 미나리처럼 파릇파릇 자라나고 있는데, 검정 고무신에 망태기 울러 메고 조약돌 드러나는 도랑길 따라 미나리 캐시던 어머니는 어디로 가셨는지 찾을 수 없습니다.

그리움

가슴 치는 통곡에도
귀 멀으셨습니다
꼬-옥 잡았던 손을
냉정히도 뿌리치셨습니다

보고 싶어도 뵈올 수 없는 곳
소리쳐 불러도 들을 수 없는 곳으로
떠나신 님이시여

가시는 날
유난히도 큰 소리로 울어대던
뒷동산 뻐꾸기

앞산에 찾아와
님의 안부
전해주고 있네요

아들의 휴가

늦둥이 막내아들이 군에서 휴가를 나왔다
하이얀 정복을 입고 함박웃음을 띠며 달려와 엄마 품에 안기었다
불쾌지수 높은 장마철
아들은, 야외로 나가 고기나 구워 먹자 한다

먼 곳으로 가자니 여러 어려움이 따를 것 같아
가까운 세천 유원지로 목적지를 정하고 필요한 물품을 준비했다

동구문학회 시화가 파란 하늘 아래 너울대던 나무 그늘 밑에
자리하고 먹음직스레 썰어진 삼겹살을 불판 위에 올려 놓으니
담백한 고기맛의 향 지나가던 등산객의 시선을 잡는다

시원스레 내리쏟는 저수지의 파란 물줄기
그동안의 시름 시원스레 쓸어가 버리고
나무그늘 아래 기저귀 차고 아장아장 걸어 다니던
어여쁜 아들의 옛 모습이 눈앞에서 너울너울 춤을 춘다

아들의 선물

엄마!
허리 사이즈 얼마에요?
뜬금없는 아들의 전화였다
엄마 허리 사이즈는 왜?
엄마 바지 사려고요
무슨
네가 엄마 바지를 사
사지마!
네!
알았어요
아들은 전화를 끊었다

하루의 일과를 마치고
지친 몸으로 퇴근해서 집에 돌아와 보니
옷걸이에 예쁜 옷 한 벌이 방긋 웃고 있었다

군에 있는 아들이 월급을 모아 엄마 생일 선물로
옷 한 벌을 선물한 것이었다

순간 가슴이 진동하면서
눈가에 이슬이 촉촉이 맺히었다

감격의 사월 113004

여기저기서 감격의 까치소리가
징소리로 파란 하늘에 울려 퍼진다
눈에 보이는 모든 것들, 감사한 마음 허공에 날린다

까치가 울던 나무 위에서
황금빛 희망이 파란 하늘 위로 나래를 편다
왕방울 같은 눈가엔 지난날들이 빗줄기로 흘러내린다
살갗에는 전율이 흐르고
뇌에는 이십오 년 전의 애타는 마음이
주마등처럼 스쳐 가슴을 메이게 한다

늦둥이, 귀염둥이, 효자동이
단 한 번의 꾸지람 없이 자라
시험이라면 바늘귀 통과하듯이 어렵다는 이 시기에
법원사무직렬 공개경쟁채용에
팔 개월만에 당당히 합격한 막내아들

어미의 허리 굽은 세월
주름진 얼굴에 밝은 미소로 펼쳐놓았다

감사의 날

신사복에 하이얀 넥타이
쫙 빼 입고 나비처럼 가벼운 발걸음
대전지법으로 연수 받으러 간다오
하늘도 축하의 메시지 보내느라
푸른 나무가지 현란히 손 흔들어
인사한다
참새들도 새벽부터 짹짹짹
이리 뛰고, 저리 뛰고, 작은 날개 부서질라
높다란 나뭇가지 까치들이 깍깍깍
축하의 노래 첨바제마을에 울려퍼진다
지나가는 행인들이 고얀히 아름다워 보이고
푸른나무들의 바람에 흔들림은
흥나는 춤사위로 눈시리게 한다
아들 못 낳는다고
여자가 잘 못 들어와 집안이 망했다고
지독히도 손부를 미워하시던 시할머니
하늘에서 보고 계시지요?
효자 아들 낳아 정성껏 길러
국가 공무원 만들었으니 이제는 그만 미워하세요
시할머니

피는 물보다 진하다

이십이 년 세월
이산가족도 아닌데
소식 한 번 없이
삶에 허덕이다

녹음방초 우거진
팔월의 뙤약볕 아래
125㎞ 고속도로를
쉼 없이 달려
경남 산청군 수철리
잊을 수 없었던 곳
도착했네요

이렇게 마음만 먹으면
올 수 있는 길인데

가슴에 크나큰 돌덩이
끌어안고
팔자타령 한숨으로
강산이 두 번 바뀌는 세월
강을 이루었을 눈물

밤잠을 설치며
전화기 앞에서
떠날 수 없었던 시간들

맨발로 뛰어나와
얼싸안은 모정
이십이 년을 달려온 만남

모진 세월의 바람은
곱던 모습을
다리를 절름거리는
팔순의 볼품없는 노모로

첫돌에 보았던
솜털 보송보송 하던 손자는
23세의 건장한 청년으로

아~~~~~아~~~
이 고맙고도 미운 세월

어머님의 봉분 앞에서

이렇게 허무하게 보내 드릴 수 없다고
가슴 치며 통곡하던 때가
아직도 눈 앞에 어른거리는데
어느덧
칼바람 치는 겨울이
여섯 번이나 지나가 버렸네요

세월의 흐름과 더불어
어머니의 봉분도 이글어지고
그리도 아프던 가슴은
한 줌의 회색빛 점으로
남았습니다

물 한 모금 넘길 수 없던 쓰라린 통증은
실바람과 더불어 먼 하늘로 날아가 버렸는지
봉분 앞에 서서
어머님이 드시다 만
사과를 깨물며
그 험난했던 님의 생을
되돌아 봅니다

별똥 떨어지는 밤이 그립다

영화 속
충청도 어느 시골 마을
한 장면에서
내 고향을 본다

"별똥이 떨어진다."

외치는
치매 걸린 할머니의
천진스런 모습에서
내 유년의 순수가
달려와
가슴팍을 헤집는다

이 시대를 풍미하고
시간의 사냥이 되어버린 난
오늘 밤
별똥 떨어지는
옛 밤하늘을 거닌다

늦가을 풍경

골목길 은행나무
해님 따라 눈동자 굴리더니
금빛 옷 갈아입고 너울너울 춤사위
심술궂은 된서리 하얗게 분칠하고
후드득 소리내며 낙하한다

여름내
우레 같은 소리 해충들과 싸움 한 판
농부의 땀내음 즐기던 감나무
된서리 몰려오니
밝으스레 새색시 얼굴
긴 장대 들고
거둬 들이는 농부의 모습

소낙비 퍼붓던 여름
뙤약볕 아래 찜질하던 고구마
자줏빛 몸 키우고
이랑이랑 널부러진 잎줄기
된서리 내려앉으니
몸배바지 끼워 입고
호미자루 들고 총총걸음

아낙의 뒷모습에서
기억 저편 어머니 모습을 본다

어머니

잿빛 하늘에서 하이얀 떡가루가
솔솔 내려오니 당신은 기별도 없이
찾아 오셨네요
부엉새 우는 겨울밤
질화로에 군밤 가득 묻어 놓으시고
가마니틀 앞에서 바늘대질 하시는 모습으로

어스름 새벽닭이 홰를 치니
소리도 없이 당신은 찾아오시어
살며시 노크를 하시네요
차거운 달빛아래 무쇠솥 걸어 놓으시고
청솔가지 태우시며
매운 눈물 흘리시던 모습으로

까만 어둠으로 대지를 감싼 적막에
벽난로에 장작불 활활 지펴놓고
손자 손녀 옹기종기 모여
옛이야기 지줄대는 이 고요에는
어찌 아니 오시나요

도라지꽃

이른 아침
눈 비비고 텃밭에 나가 보니
굵은 빗방울은 사정없이 내리 쏟고 있는데

활짝 핀 청순한 보랏빛 도라지꽃
한 점 움츠림없이
큰 입 쩍 벌리고
굵은 빗방울
온 몸으로 받아내고 있네

순간
고향집 장독 옆 흐드러지게 피어
바람에 일렁이던 유년의 꽃
형제들의 다정스런 웃음 되어 얼굴에 와 부비네

이마에 흐르던 굵은 땀방울
찌든 앞치마로 훔쳐 내리던
하늘나라에 계신
어머니 얼굴이 살갗을 어루만지네

애호박

밭두렁 기어 오른 호박넝쿨
대롱대롱 매달린 윤기 자르르 애호박

복더위 땀 줄줄 속옷 적시며
대청마루
홍두깨로 손칼국수 밀던 어머니
맨발로 걸어오신다

후드득 후드득 보릿대
가마솥에 불 지펴
애호박 송송 썰어
콩 칼국수 끓여 주시던 어머니

아련히 머릿속 헤집는 측은한 7월

여름밤 엽서

아버지는 산 너머 깊은 골짜기에서 김을 매시고 저물어서야 풀벌레 노랫소리 장단 맞추어 지게 작대기 두드리며 참외 한 집 따지시고 싸리문으로 들어오셨지요

넓다란 앞마당 멍석 위에다 노란 참외 수북이 부어 놓으시고 피곤함도 잊은 채 올망졸망 까만 눈망울들 모아 놓으시고 옛날 이야기꽃을 피웠지요 하늘에선 솔방울만한 별들이 멍석 위로 쏟아지고 아버지 무릎 베개삼아 옛 이야기 듣습니다

얼굴 가득 다가선 햇살에 눈을 비벼 뜨니 아버지 무릎 위에서 잠들었던 난 어느새 방 가운데 누워 있었지요 어머니 누룽지 긁는 소리에 정지로 나가보니 어느 사이 아버지는 들녘으로 나가시고 나뭇간에 누렁이만 반갑다 꼬리를 흔들었지요

중년의 나이가 된 이 여름밤 멍석에서 잠들었던 날 방으로 옮겨 주시던,삼십 년 전 하늘나라로 떠나신 다정하시던 아버지의 품안이 새삼 그리워 지는 것은 왜인가요

아버님의 기일

상공에 까마귀 울음
머리 위를 날아 달력을 보니
바로 오늘이 아버님 기일이네요
보이지도 잡을 수도 없는 그 먼 곳으로
떠나신 님

열여섯 어린 나이
태산 같았던 아버님을 보내야 했던 그날
여린 가슴을 얼마나 부여잡았는지

님의 체취 그리워
님 계신 곳 가보자 오빠에게 전화했어요
바람의 시속으로 달려
들판 가르고 산허리 돌고 돌아
빙그레 웃고 계시는 부모님의 봉분
불효자식들 반가이 맞이하네요

가신 지 어느덧 42년
무심한 세월은
내 나이를 회갑 가까이 갖다 놓았네요
높다랗게 쌓아 올렸던 아버님의 봉분도

세월의 무게를 이기지 못하고
많이도 이그러져 있네요
어디서 날아왔는지 냉이씨앗들이
터를 잡고 돋아올라 봉분을 덮어 버렸어요

오빠와 난 소복이 자란
파란 냉이를 맨손으로 뽑으며
유년 시절 아지랑이 너울대는 봄이 되면
바구니 들고 들밭으로 봄나물 찾아다니던
그때를 회상했습니다

안타까움

그것은 분명히 환희였다
온도와 습도 조건이 적합하지 못한
한 마리의 부화는
가슴을 아리게 하는 모습으로 탄생했다
발가락이 제대로 펴지지 않은 상태에서
그래도 세상을 이겨보겠다고
넘어지고 또 넘어지면서
쉼 없이 일어서기를 반복하는 애처로운 모습은
너무도 가슴을 아리게 했다

결국 걸을 수 있고 혼자서 먹이도 먹을 수 있게 되어
예쁜 솜털이 송송 자라나는 모습은
어린아이들에게 산교육의 현장이었다

누가 가르쳐 주지도 않았는데
물 한 모금 입에 물고 하늘 한 번 쳐다보고
또 물 한 모금 입에 물고
하늘 한 번 쳐다보고 정말 아름다운 풍경이었다

남편은 병아리가 자식이나 되는 양 옆에서 떠날 줄을 모르고
좀 더 좋은 환경을 만들어 주기 위해 여러 모로 애를 썼다

좀 자라자 밖에 데리고 나가
운동도 시키고 사랑을 듬뿍 쏟아 부으니
엄마처럼 졸졸 따라 다니는 모습은 정말 예뻤다

어느 정도 자라니 접혀졌던 발가락도 제대로 펴지고
정상적인 병아리로 성장하기 시작했다
헌데, 잠깐 방심한 사이
족제비란 놈이 제 배를 채우기 위해 그만 물어가고 말았다
그 예쁜 것을……
험악한 세상이다

온 가족은 안타까운 마음에 몇날 며칠 침울한 나날이었다

성묘

양지바른 명당 찾아
이승의 끝
하얀 무덤들이 누워 있네

한 많은 인생 살다 가신 내 어머니
가신 지도 어언 사백 사십 날

하얀 무덤 되어
아들 손자 반기시네

하얀 눈 제단 삼아
한 잔의 술 부어 올리고

머리 숙여 님의 명복 비오니
눈물은 핏물 되어
하얀 눈 위에 수채화를 그립니다

장맛비

서둘러 하지감자 캐어
창고에 넣어 두고

육쪽마늘 텃밭 거름될까
두려워
상기둥에 매달아 두네

어둠은 오라하지 않아도
제 마음대로
머리 위로 내리고

처마 끝에 떨어지는
낙숫물소리
하늘나라 계신 부모님
걱정 같아라

제 5 부

채반들의 나들이

돈의 두 얼굴

돈은 칼과 같아서
남을 도와주고 제 가족을 먹여 살리는데 사용되면
유익한 칼이 되지만

남을 해롭게 하고 망치게 만드는데
사용되면 위험한 칼이 된다

돈은 잘 쓰면 나와 남을 살리는 칼이 되지만
남을 해롭게 하는데
쓰이면 흉기가 된다

하지만 이 위험한 얼굴이 없으면
우리는 하루도 살아 갈 수 없다

우리는 이 얼굴들을 조금이라도 많이 만나기 위해
매일 매일 분주하게 장거리 선수가 된다

일천삼백오십 원

아침부터 장맛비는 주룩주룩 마음 흔드는데
머리 허연 할아버지
땅 보러 가자 하신다
갈 수도 안 갈 수도 생각은 교차점에서 헤매는데
도야지도 물어가지 않을 돈에 눈이 멀어
탐심이 앞을 가려
비 오는 산길을 자동차의 시속을 재촉하며
목적지에 도착하는 순간
후회는 절망으로
자동차가 턱에 걸려 장승처럼 움직이지 않았다
장시간 하늘만 보이는 초목 밑에 쪼그리고 앉아
해충들의 배를 불리는데
긴급출동 자동차는 올 기미가 없고
사무실에 긴급손님은 발생하고
인내력 없는 여인
버스길에 뛰쳐나와 황급히 버스에 몸을 싣고
급하게 들고 나간 동전지갑 속 털어보니
부처님이 도우사
간신히 일천삼백오십 원
체면 살려 주었네
평소에 대수롭게 생각하지 않았던

동전 몇 닢
오늘 이렇게 큰 가치로 다가올 줄이야

노처녀 둔 어미

식당하는 집은 설거지 종일 시킬까봐

슈퍼하는 집은 계산대 앞에 종일 서서 종아리 굵어질까봐

푸줏간하는 집은 시퍼런 칼 잘못 휘두를까봐

농사짓는 집은 무거운 것 들어 허리 휠까봐

재벌 집은 없는 집에서 왔다고 구박 받을까봐

판사 집은 지식 없다 얕볼까봐

공장 다니면 공돌이라 놀릴까봐

사무직에 한국표준경제력에 크지도 작지도 않은 키에

인물 또한 선한 상에

인간성 고도로 높은 그런 사람 어디 없나유

저 허물은 내 허물의 그림자라

등기부 확인해 달라
신분증 복사해 달라
팩스 보내 달라

자녀들과 싸움하고 속상하다 하소연 하는 사모님

남편과 싸우고 울먹이며
이혼할까 푸념하는 여인

아들놈 아버지 소싯적 하던 행동 그대로 한다고
닮을 것이 없어 그런 것을 닮았느냐며
허허허 하는 남자

아들은 착한데 며느리 잘 못 들어와
못된 아들로 변했다고
못된 며느리 만드는 시어머니

모든 것이 나의 탓인 줄 모르고
상대방의 탓으로 돌리시는 님, 님, 님들

사무실은 고객들의 푸념으로 하루를 연다

잘난 얼굴들

요즈음 난
내 가족들의 얼굴보다
더 많이 보는 이들이 있다
동네 슈퍼에 나가든
아니면 재래시장에 가든
또한 친목모임에 나가든
종교 모임에 가든
사람들이 좀 모일라 치는 곳이면
대문짝만한 잘난 얼굴을 쑥쑥 내밀어
코가 땅에 닿도록 허리를 굽히며
인사를 한다
"잘 기억해 주십시오 부탁드립니다."
크나큰 은혜라도 입은 양
화사한 미소들이다
여기를 가나 저기를 가나
모두 자기가 잘났다고
자기쪽에 표를 달란다
모두 지방선거에 나오시는 잘난 얼굴들이다

잘난 이들이여 부러질까 무서우니
당선되고도 빳빳이 목 세우지 말고
굽힌 허리 계속 굽히는 마음이길

새벽 시장

새벽 농산물 시장엘 가면
살아 있다는 것이 실감난다

밤새워 트럭에 실려 달려 왔을
갖가지 모양과 빛깔의 농산물들이
농부들의 찌든 땀 내음새
고스란히 간직한 채
여유로운 미소로 상인들을 반긴다

경매 열리는 시장 안
상인들의 고달픈 삶이
먹이 찾아 헤매는
날짐승의 날갯짓으로 다가온다

이승 떠날 때 한푼도 가져가지 못할
돈의 노예가 되어
몸부림치는 삶의 소리로
가득 메운다

마늘 까는 할머니

남대전 종합시장 옆
한 모퉁이 반 평 남짓 둥지를 트신
짧은 머리 커트를 하신 할머니는
비가 오나 눈이 오나 마늘만 깐다

조그만 소쿠리에 가득 담아 이천 원 삼천 원
마늘 까는 칼은 할머니 주름진 얼굴만큼이나
나이를 먹었는지
닳고 닳아 사 센티미터 남짓 남아 있다

흐른 세월은 칠십육 년이 넘었어도
마음만큼은 젊음에 기분파인 할머니
미장원에 아침 일찍 들러서는 첫 손님이라며
머리 커트하시고 이천 원 팁으로 내 놓으시는
멋스런 할머니

관광버스 타시더니 기부금 이만 원 선뜻 내놓으시고
치마 주름인 양 촘촘히 잡혀있는 얼굴 주름은
차창 밖으로 내던지셨는지 음악에 맞추어
구부정한 몸매 내두르는 그 근력은

나이는 단지 숫자에 불과할 뿐이란 말이
정말 실감 났다

만남

이승 다할 때까지
못 만나리라 생각했던
40년 만에 만난 초등학교 동창생
솜털 송송하던 예쁜 모습 간 곳 없고
절구통 되어 버린 허리
빨래판인 양 주름진 얼굴

위암과 갑상선암에 죽을 고비
몇 번 넘겼다는 그 절망적이었던
순간의 이야기

머리 좋고 착하고 직장 완벽한
오빠가 젊음을 뒤로 하고
위암으로 요절한 이야기

흰 눈 소복이 쌓인 겨울 저녁
하얀 두부 송송 썰어
청국장 보글보글 끓여주시던 어머니
하늘나라로 떠나신 가슴 아리는 이야기

지칠 줄 모르고 토해내는
40년 세월이 빨랫줄에서 그네를 탄다

동창들 모임에서

솜털 보송보송
젖살 통통히 오른 양 볼에
해맑은 미소 그리던 단발머리 소녀

티 없이 맑은 까만 눈동자
작열하는 태양에 그을린 까만 얼굴
하얀 이 드러내며
수줍은 미소 어우르던
시골 초등학교 동창생들

지천명이 되어
모임한다고 둘러앉은 모습들
귀밑머리 백발성성
눈가엔 세월이 늘어놓은 실줄들
절구통 되어 버린 허리
가슴보다 배가 더 나온 세월의 몸부림
애잔한 미소가 가슴을 울린다

채반들의 나들이

따스한 햇빛 쬐러
큰 놈, 작은 놈, 더 작은 놈들이 나들이를 한다
지나가는 살랑바람과 이야기하고파 풀밭으로
둥그런 배 안에는 빠알간 내장을 가득 담은 채
큰 놈부터 앞장을 선다

노오랗게 물든 은행나무 종일토록 바라보다
서녘 하늘로 해님 얼굴 숨어 버리면
어스름하고 눅눅한 침대 속으로, 이제는
작은 놈부터 앞장을 선다

보리밥 집에서

보문산 오르는 길
야트막한 꽁당 보리밥집

바람에 날리는 나뭇잎 두어 장
머리에 이고
뜨락문학 회원들과 둘러앉아
먹음직스런 파전 안주와 동동주 한 잔
하얗게 미소 짓는
아카시아 꽃까지 목을 적신다

회원들의 선한 미소
아름다운 사람들과의 정담까지
잘 어우러진
환상의 보리밥

살갗 스치는 바람마저도
한 술 먹고 가잔다

긍정적인 사고를 가진 분의 얼굴

달덩이처럼 환한 얼굴을 한 오십대로 보이는
여성 고객이 사무실에 들어섰다

전셋집을 구하러 왔는데 마땅한 집이 있을까요?
얼마 선에서 찾으시는데요?
삼천오백이면 좋겠는데요
사천에 나온 좋은 집이 있는데 가격 조정 잘 해서
해 드릴 테니 보러 가시지요

2층집인데 올라가는 계단에서부터 화분이
아주 많은 집이라 보는 이들이 모두 심란하다고
싫어하던 집이었다
손님을 모시고 2층 계단으로 오르자 환호성을 쳤다
야!
이 화분들 좀 봐 너무 예쁘다
이렇게 많은 화분을 관리하시느라 고생을 참 많이 하셨겠다
화분이 좀 많지요?
예! 너무 예뻐요
그럼 이집으로 정하시겠어요
예, 그렇게 하지요

같은 것을 보고도 부정적인 평가를 하는 사람과
긍정적인 평가를 하는 사람

세상은 있는 대로 보는 것이 아니라
보는 대로 있는 것이다

휴가

2012년 7월의 휴가다
결혼해서 33년을 살면서
휴가라는 제목으로
휴가를 가본 적은 이번이 처음인 것 같다

서대전역 출발 무궁화로 무려 3시간
여수역 엑스포EXPO 박람회장에 도착했다

가족이 함께 하는 여행
남편, 둘째딸, 군에 있는 막내아들
큰딸과 막내딸이 불참석이지만
이만큼 함께한 것도 크게 애써 맞춘 일정이다

사람들로 밟혀나는 엑스포장
볼 것도 희귀한 것도 많은 박람회장
우리나라 첨단 과학의 힘에
놀라움을 감추지 못하며
땡볕 아래 몇 시간의 기다림도
행복이라 화사한 미소를 나누며
뜻 깊은 휴가를 즐기기 위해
아이들 머리를 맞대었다

꽤 알뜰한 박람회 관람을 하고
여수대교 한눈에 들어오는
전망 좋은 펜션 창문 너머
야경을 시야에 담으며
싱싱한 오징어 회 밤바다와 어울리니
입안에서 춤을 추고

뜻 깊은 아름다운 이야기
마음과 마음으로 감싸안는
상상으로만 해본 휴가
현실이 되었다

그 남자

부어라
마셔라
너
간이란 놈이 어찌 되던
내 상관할 바가 아니다

고달픈 삶
괴로운 숨결
물처럼 마시는 그 독한 것
푸른 들판에 뛰어놀던 얼룩이들
다 날려 보내고
짊어질 수도 없도록 남은 빚더미

구름 타고 왔느냐
바람 타고 왔느냐
너 IMF란 놈
땅이 꺼지는 한숨소리

마시자, 마시자
이 밤이 새도록, 새도록

■ 작품해설

간결하고 곡진한 서정시의 미각

—김영숙 시집 '별똥 떨어지는 밤이 그립다'에 붙여

시인 · 수필가 · 평론가 문 희 봉

1.

창문을 열자 시집을 읽기 좋을 만큼의 가을날 아침볕이 거실로 걸어 들어온다. 나뭇가지에 앉아 까작까작 울던 까치 몇 마리가 꽁지를 까닥거리더니 이내 포르르 날아오른다. 햇살처럼 펼쳐진 고요가 사방 가득 차오르고, 뭉게구름이 둥실 파란 하늘을 가로질러 흘러간다.

나와 김영숙 시인과의 인연은 십년을 훌쩍 넘겼다. 대청댐 수몰지구에서 태어나 그곳에서 자라다가 도회지로 나왔다. 생활력이 강하고 빈틈없는 성격으로 하고자 하는 일은 기어이 해내고야 마는 성품이다. 사십대 후반인가의 나이에 공인중개사 시험에 도전하여 삼전사기 끝에 합격하여 지금은 부동산 중개업을 하고 있는 억척이 시인이다. 방송통신대 국어국문학과를 졸업하고, 2001년 '오늘의문학' 신인상으로 문단에 나와 그간 열심히 창작활동을 해오다 첫 시집 '별똥 떨어지는 밤이 그립다.'를 낸다. 여러 문학회에 가입하여 그간 갈고 닦은 시혼이 드디어 빛을 보는 것이다. 축하한다.

시단에서는 시집 발간을 출산에 비유한다. 등단 15년을 넘기고 첫 시집을 발간하는 것이니, 임신 기간치고는 상당히 긴 편이다. 임신 15년을 넘기고서야 첫 출산하는 소회가 어떠냐고 물었더니, 두렵고 막막하다는 시인은 말수가 적은 편이었다. 말없이 시류에 상관없이 자기의 길만을 걷는다는 것은 얼마나 쓸쓸하고 고단한 일인가. 그러나 또한 얼마나 행복한 일인가. 세상을 다 얻은 기분일 것이다.

2.

시는 말로 지은 집이다. 시를 읽는 것이 아니라 그 안에 들어가 사는 것이다. 김영숙 시인의 시는 사랑의 시다. 그러하기에 그의 시편들에는 사랑의 속성으로 그리움과 외로움, 기다림과 안타까움, 환희와 아쉬움들이 넘실거리고 있다. 사랑하는 일이란 원칙적으로 상대방에게 관심을 갖는 것이다. 우리가 어떤 사람을 사랑할 때는 그 사람에게 관심을 기울이게 된다. 즉 그 사람의 성장을 기원하게 되는 것이다. 우리 자신을 사랑할 때 우리는 자신의 성장에 관심을 두게 된다. 사랑은 관심이다. 관심은 마음으로 연결되어 있다는 표시이다. 마음이 맞닿아 있으면 행동하게 된다. 한 발짝 물러서서, 또는 한 발짝 더 가까이 다가가서 살펴보고, 말하고, 챙겨주고, 배려하게 한다. 그 모든 것이 자기를 돌아보게 하므로, 자기를 성장시키는 일이기도 하다. 김 시인은 가족 간의 사랑을 통해 삶의 방정식을 풀어가는 사람이다. 과장된 행동이나 언술 없는 담담한 전개 속에 이입된 정서적 감응이 잔잔한 파문을 일으키며 다가온다.

그것은 분명히 환희였다
온도와 습도 조건이 적합하지 못한
(중략)
누가 가르쳐 주지도 않았는데
물 한 모금 입에 물고 하늘 한 번 쳐다보고
또 물 한 모금 입에 물고
하늘 한 번 쳐다보고 정말 아름다운 풍경이었다
남편은 병아리가 자식이나 되는 양 옆에서 떠날 줄을 모르고

— 「안타까움」 일부

어머니의 눈물은 헛되지 않다. 기도하면서 흘리는 아내의 눈물은 더욱 헛되지 않다. 그 눈물은 단 한 방울도 새지 않고 남편과 아들과 딸들의 영혼의 우물에 그대로 스며들어, 힘들고 외롭고 아플 때마다 씻어주고 닦아주고 일으켜 세워준다. 그것이 바로 기쁨의 눈물, 사랑의 눈물이다. 자라지 않는 사랑은 사랑이 아니다. 키우지 않으면 사랑이 아니다. 어머니, 이름만 불러만 보아도 가슴 뭉클해지는 낱말이다. 이제는 돌아가셔서 세상에 계시지 않으니 뭉클함이 더욱 크게 사무친다. 어머니는 이미 떠나셨으나 당신의 따뜻한 품, 거칠어진 손등, 주름투성이인 얼굴은 내 가슴에 그대로 살아 있다. 오늘도 한없는 사랑으로 김 시인을 이끌고 계시다.

잿빛 하늘에서 하이얀 떡가루가
솔솔 내려오니 당신은 기별도 없이

찾아 오셨네요
(중략)
까만 어둠으로 대지를 감싼 적막에
벽난로에 장작불 지펴놓고
손자 손녀 옹기종기 모여
옛이야기 지줄대는 이 고요에는
어찌 아니 오시나요

—「어머니」 일부

사랑은 혼자서 하는 것이 아니라 누군가와 함께 하는 것이며, 화석처럼 그 자리에 굳어진 채 멈춰 있는 것이 아니라, 자라 움직이는 생명체와 같은 것이고, 저절로 이루어지는 것이 아니라, 노력해야 얻어지는 것이다. 사랑은 거창한 것도, 요란한 것도 아니다. 강물이 그렇듯, 그저 잘 흘러가주는 것이 사랑이다. 한결같은 마음으로 매사 최선을 다해 열심히 살아가는 김 시인의 모습에서 깊은 사랑과 감동을 느낀다. 부모는 자식의 애교를 기다리고 있다. '제단'에 올려진 '앵두'에서 김 시인은 꽃이 흔들리고 있는 것을 발견한다. 사람은 다른 사람에게 어떤 행동을 했느냐에 따라 행복이 결정된다. 남을 행복하게 해주려고 하면 그만큼 자신도 행복해진다. 자기 자식에게 맛있는 것을 사주고 자식이 좋아하는 것을 보는 것은 부모의 기쁨이다. 이는 형제 간, 친구 간, 이웃 간, 나아가 낯선 사람 사이에도 공통되는 이치다. 남에게 관대해졌으면 그만큼 내 마음이 넉넉해지지만 만일 인색해졌으면 그만큼 내 마음도 좁아진다. 부모님의 잔소리를 피하면서도 관계를 해치지 않는 가장 쉬운 방법은 애교 작전이다. 잔소리하는 부모님께 "제가 정말 죽을 죄를 지은

거죠? 그렇지만 자식이니까 용서해 주실거죠?"라고 애교를 부리는데 계속 잔소리를 늘어놓을 부모는 없을 것이다. 사랑하시오! 시인의 준엄한 명령이다. 그것도 단시간에, 한꺼번에 하는 사랑이 아니라 천천히, 오래오래 계속되는 사랑을 하라는 명령이다. 그런 사랑이 하루하루를 새롭게 만들어 간다. 하루하루를 다시 태어나게 한다.

(전략)
물 주고 거름 주고
기도 심어
하늘 닿을 정성으로
곱게 키운 여린 가지
떼어내

온갖 시름과
아픔도
함께 묶어
옥토에 고이 심었네

—「가지 하나 떼어」 일부

어린이들은 살아가는 방법을 서서히 배워 인생관을 형성한다. 어린이가 나무람 속에서 자라면 비난을 배운다. 적개심 속에서 자라면 싸우는 것을 배운다. 비웃음 속에서 자라면 부끄러움을 배운다. 받아들임과 우정 속에서 자라면 세상에서 큰 사랑을 배운다. 어른도 마찬가지다. 우리가 건전한 철학을 가지고 살아가야 할 이유이다.

(전략)
아들은 착한데 며느리 잘못 들어와
못된 아들로 변했다고
못된 며느리 만드는 시어머니

모든 것이 나의 탓인 줄 모르고
상대방의 탓으로 돌리는 님, 님, 님들

사무실은 고객들의 푸념으로 하루를 연다
—「저 허물은 내 허물의 그림자라」 일부

김 시인의 인생철학은 여러 곳에서 감지되고 있다. '돈의 두 얼굴', '다시 창공으로', '生 그리고 死' 등에서 자신만의 철학을 선보이고 있다. '나 이제 내가 되었네. 여러 해, 여러 곳을 돌아 다니느라 시간이 많이 걸렸네. 나는 이리저리 흔들리고 녹아 없어져 다른 사람의 얼굴을 하고 있었네. 나 이제 내가 되었네.' 메이 사튼의 시 〈나 이제 내가 되었네〉에서 인용한 대목이다. 굽이굽이 인생의 먼 길을 돌고 돌다 보면 어느 때인가 섬광 같은 자기발견의 순간이 있게 된다. 비로소 자기 자신을 알게 되는 순간이다. 자기 자신을 알게 되었다는 것은 자기가 진정 원하는 인생의 길을 찾았다는 뜻이다. 진정한 자유인이 되어간다는 의미이기도 하다.

출산 10분 전은 엄마와 아기에게 가장 고통스러운 순간이다. 그래서 엄마는 순간 출산을 포기하고 싶은 마음이 생긴다. 고통 다음 순간에는 항상 새로운 탄생이 기다리고 있다. 삶에 있어서도 마찬가지다. 완성은 항상 혼돈 가까이에 있다. 인생에도 출산 10분 전과 같은 극심한 고통의 순간이 있다. 하지만 고통이 최고조로 달했을 때가 바로 해산이 가까워졌다는 신호이기도 하다. 절대 무너지지 말고, 포기하지도 말고, 그 고통의 10분만 참고 넘기면 새로운 생명이 탄생한다.

이십이 년 세월
이산가족도 아닌데
소식 한 번 없이
삶에 허덕이다
(중략)
모진 세월의 바람은
곱던 모습을
다리를 절름거리는
팔순의 볼품없는 노모로

첫돌에 보았던
솜털 보송보송 하던 손자는
23세의 건장한 청년으로

아~아~
이 고맙고도 미운 세월

—「피는 물보다 진하다」 일부

새로운 희망의 문이 열리게 된다. 나를 아프게 하는 사람이 있다. 주변에 나를 귀찮게 하고 괴롭히는 사람이 없다면 인내심을 배울 수 없을 것이다. 나를 성가시게 하는 사람들, 나에게 도움이 되지 않고 해로운 행동을 하는 사람들, 나를 아프게 하는 사람들은 원한의 대상이 아니라 감사를 보내야 할 대상이다. 이런 사람들은 영적인 근육을 강하게 만들어주는 사람들이며, 이해와 인내를 훈련할 기회를 주는 스승이다. 나를 아프게 하는 사람, 그때는 그 사람 때문에 너무 힘들고 어려웠는데 이제 돌이켜보니 그를 만난 것이 나에게는 행운이었음을 느낀다. 그가 나를 더욱 강인하게, 홀로 서게 했으니까 말이다. 그때는 그 사람이 나에게 원한을 심어주었지만, 이제는 나의 은인이 되어 더없이 고마운 사람이 되었다.

새벽부터 비는 주룩주룩
흙 묻은 작업화 신고
어둠 헤치며 나간 남편
(중략)
매서운 바람 휘날리는 진눈깨비
그칠 기미 보이지 않고
가까이 보이는 하늘은
내 마음처럼 어둡다

—「진눈깨비」 일부

살아남고자 하는 놀라운 힘은 때로는 의학적인 설명이 불가능한 생명의 신비다. 생에 대한 강한 의욕은 아기에게서도 발견된다. 어느 병원에서 함께 회진을 하던 교수가 아기의 볼을 어루만지다 아기에게 손가락이 물렸는데 아기의 빠는 힘이 얼마나 강했는지 아기침대 한쪽이 그대로 들어 올려지는 것을 목격했다 한다. 나도, 뇌졸중으로 갑자기 쓰러진 90kg 무게의 남편을 50kg도 안 되는 아내가 번쩍 들어 차에 태우는 모습을 본 적이 있다. 힘이 없다, 힘이 딸린다는 것은 그만큼 절박하지 않다는 뜻이기도 하다. 급하고 절박하면 누구에게서나 괴력 같은 힘이 솟구쳐 나온다. 그 힘이면 세상에 못할 것이 없다. 그렇게 살아야 하는 것이 우리들의 삶이라는 것을 김 시인은 말하고 있다. 우리들이 질곡의 삶을 원한다고 오는 것이 아니고, 원하지 않는다고 물러가는 것도 아니다. 슬기롭게 헤쳐나갈 것을 낮은 목소리로 김 시인은 주문하고 있다.

꿈을 포기하면 두 가지 대가를 치르게 된다. 하나는 삶의 반 이상이 고통스러워진다는 점이다. 둘은 그런 사람들은 결코 부자가 되지 못한다. 꿈을 포기하지 않으면 두 가지 보상이 따른다. 하나는 인생의 반이 즐겁고 신명난다. 둘은 결국 반드시 부자가 된다. 어찌 두 가지만 잃고 두 가지만 얻겠는가. 그만큼 인생의 성패를 결정하는 중요한 요건이라는 뜻이겠다. 꿈을 포기하면 앞으로, 미래로 달려 나가는 동력을 잃게 되며, 남은 인생을 포기하는 것과도 같다. 복된 만남은 자신을 객관적으로 볼 기회를 제공해 준다.

새벽 농산물 시장엘 가면
살아 있다는 것이 실감난다
(중략)
이승 떠날 때 한 푼도 가져가지 못할
돈의 노예가 되어
몸부림치는 삶의 소리로
가득 메운다

— 「새벽 시장」 일부

빨간 신호등에 걸렸다고 짜증낼 일만도 아니다. 분명 기다리면 파란불은 다시 들어올 것이기 때문이다. 어떻게 가는 길마다 파란불이 켜지기를 바라겠는가. 항상 파란 불이기만 바라서도 안 된다. 파란불이 켜지면 켜지는 대로, 빨간불이 켜지면 켜지는 대로 순응할 줄도 알아야 한다. 빨간불에 '순응'하지 않으면 사고가 날 수 있고, 사고가 나면 인생이 크게 망가질 수 있다. '순응'하며 사는 것도 좋지만 더 좋은 것은 '뜻'을 찾아내는 것이다. 왜 내 인생에 빨간불이 켜졌으며, 파란불은 왜 켜졌는지 그 뜻을 찾아내면, 그 사람은 앉으나 서나 안전하고 의미 있는 길을 걷게 된다.

솜털 보송보송
젖살 통통히 오른 양 볼에
해맑은 미소 그리던 단발머리 소녀
(중략)
눈가엔 세월이 늘어놓은 실줄들
절구통 되어 버린 허리
가슴보다 배가 더 나온 세월의 몸부림
애잔한 미소가 가슴을 울린다

— 「동창들 모임에서」 일부

이런 얘기가 전해 온다. 어느 목수의 정년퇴임이라는 글이다. 한 나이 많은 목수가 은퇴할 때가 되었다. 어느 날, 그는 자신의 고용주에게 일을 그만 두고 자신의 가족과 여생을 보내고 싶다고 말하였다. 고용주는 훌륭한 일꾼을 잃게 되어 유감이라고 말하고는 마지막으로 집을 한 채 더 지어 줄 수 있는지 물었다. 목수는 "물론입니다."라고 대답했지만, 그의 마음은 이미 일에서 멀어져 있었다. 그는 조잡한 자재를 사용하여 부실하게 집을 지었다. 집이 완성되었을 때, 고용주가 집을 보러 왔다. 그리고는 목수에게 현관 열쇠를 쥐어주면서 "그간 나를 위해 열심히 일해 준 보답이요."라고 말했다. 목수는 자신의 귀를 의심하였다. 그리고는 하늘을 물끄러미 쳐다보고 있었다. 김 시인은 어떠한 일에도 최선을 다해야 한다고 주장하는 사람이다.

다색의 영산홍
하품하는 오월

바다보다 맑고 푸른 하늘 아래
거미줄 같은
철사 줄에 몸 매달아

둥근등 네모등 연꽃등 팔모등
실바람 손잡고
서원 세우며

인자한 미소 담아
어리석은 중생들 마음 밝히려
너울너울 춤사위 이룬다

—「연등」 전문

내가 말하는 우정은 두 개의 영혼이 서로 상대의 내면에 완전히 용해되어, 그들을 결합시키는 매듭이 없어져서 알아 볼 수 없게 될 정도를 말한다. 누가 내게 왜 그를 사랑하는지 물어본다면 나는 대답할 수 없다. 다만 "그가 그였고, 내가 나였기 때문이다." 라고 밖에는 답할 수 없다. 우정도 자란다. 처음엔 그저 좋은 느낌, 편한 마음으로 시작되어 나중엔 생명과 영혼까지 나누는 사이로 자라난다. 우정이 자랄수록 자기 자신을 더 잘 지키고 키워가야 한다. 자기만의 빛깔, 자기만의 향기를 지키고 키우며 이어지는 우정이어야 서로에게 더 깊이, 더 아름답게 녹아들 수 있다.

뜻 맞는 벗님네와
삼복 더위 불볕에
끈적이는 땀으로
샤워를 하며
절 고개 정상을 향한다
(중략)
하하하, 호호호 웃음소리
계족산 산신령 시끄럽다 하신다

—「계족산 산행」 일부

감사는 가정이나 직업에 대한 만족감과 기쁨을 증가시킴으로써 인간관계를 향상시키고, 사랑이 넘치도록 만들며, 갈등을 해소하고, 협력을 도모하도록 한다. 진심으로, 의식적으로, 미리 무조건 실천하는 감사는 아무리 견디기 힘든 상황도 가치 있게 여기도록 만드는 힘이 있다. 따라서 삶을 획기적으로 변화시키게 한다. 마치 기적처럼, 불가능한 것을 가능하게 만들 수 있다. 저녁에 눈을 감을 때 감사하면 잠자리가 편안해진다. 아침에 눈을 뜰 때 감사하면 그날 하루가 행복해진다. 새해 벽두를 감사로 시작한다면 그 한해가 달라질 것이다. 작은 감사가 큰 감사를 낳고, 감사가 커지면 행복도 커진다.

형형색색의 수련들이 제각기
아름다운 자태를 푸른 하늘 아래 뽐내고 있다
오묘한 색깔로, 달콤한 꿀로, 향기로운 향으로
비행하는 벌들을 유혹해 본다

(중략)
이 미친한 사람도 수련(Bob Trickett)을 닮아
남들보다 다른 달콤한 향으로
아름다운 사람들을 불러 모으는 사람이고 싶다
—「수련」 일부

누군가 말했다. "나는 결혼한 지 20년이 지나서야 남편의 마음을 알게 되었다. 그는 견고한 마음과 믿음을 지니고 있다. 그는 사람을 두려워하지 않는다. 또한 매우 개방적이고 적극적이다. 마음에 있는 모든 것을 숨기지 않고 다 이야기한다. 그러므로 나는 그의 본심을 알아보기 위해 애쓸 필요가 없다. 많은 사람들이 보는 그의 모습이 실제로 그의 전부다. 그 이상도 이하도 아니다." 김 시인이 그런 사람이다. 아내들은 다 안다. 속속들이 세포 속까지 훤히 다 안다. 아내 앞에서는 가면을 쓸 수도, 통하지도 않는다. 아내의 평가가 좋으면 그는 매우 성공한 사람이다. 그만큼 잘 살아왔다는 뜻도 된다. 그러나 만일 아내의 평가가 좋지 않으면 제 아무리 성공하고 바깥 평가가 좋다 해도 속빈 강정처럼 허한 바람이 부는 인생을 살고 있음을 의미한다.

앙증맞게 포장된 예쁜 꽃바구니
아빠엄마 결혼 대박 축하
예쁜 연둣빛 리본 달고
사무실 책상 위로 배달 되었네
(중략)
사남매의 정성어린 사랑이
온 몸을 칭칭 동여맸네
—「결혼 31주년」 일부

고향을 찾는 마음은 아름답다. 고향은 내게 아름답고 그리운 풍경으로만 남아 있는 것은 아니다. 그곳은 슬픔과 아픔으로 다가오는 곳이기도 하다. 가난이 있었고, 이별이 있었다. 그래서인지 시인은 지금도 고향으로 갈 때면 마음을 굳게 다잡는다. 자칫 감상에 빠지다간 걷잡을 수 없이 흐트러지겠기 때문이다. 고향을 찾는 마음, 기쁨과 설레임이 크다. 하지만 때로는 알 수 없는 슬픔과 아픔이 목울대를 넘나들기도 한다. 어제의 기억과 오늘의 현실이 고향 가는 마음을 아리게 한다. 그러나 찾아갈 고향이 있다는 것은 참 행복한 일이다. 멀리서나마 고향집이 있던 자리를 더듬을 수 있다는 것은 행복한 일이다. 분명한 것은 고향이 있기 때문에 지금의 시인이 존재할 수 있다는 것 아니겠는가.

눈 내리는 밤이면
그곳에 가고 싶다
(중략)
지금 그곳은 자취 없고
내 어린 시절
온 집을 흔드는 아버지 떡메 소리
어머니 바늘대소리
뒷산 부엉이 울음
질화로에 밤고구마 익는 냄새 나지 않는
물고기의 무도장이 되어 버린
꿈에서나 갈 수 있는 곳

거기, 그곳에 가고 싶다

—「그곳에 가고 싶다」 일부

3.

지금껏 말해 온 바와 같이 김영숙 시인은 행복을 찾는 곳이 일상생활이다. 다른 곳에서도 찾지만 특히 시인 주변에서 찾고 있다. 그러니 작품의 소재는 단연 가족과 인생관, 농사, 친구, 신심, 질곡의 삶, 꿈, 자연풍경 등이 많을 수밖에 없다. 작품은 작가와 독자가 만나는 장소이다. 주변에서 얻은 소재로 버무린 작품으로 독자와 대면한다. 시인이 발견한 이미지를 통해 자신을 돌아보고 어떤 사실이나 가치를 새롭게 깨닫고 동참하는 것이다. 그때 독자는 자신의 안목으로 '활기'를 얻고 '생명'을 얻는다. 김 시인에게 있어 시는 발견이며, 독자에겐 새로 시작되는 '개인의 탐험'이라고 할 수 있다. 김 시인이 독자에게 미치는 영향으로 작품은 재창조 되는 것이다. 거울은 먼저 웃는 법이 없다. 만담가인 우쓰미 케이코씨의 아버지가 입버릇처럼 하는 말이 재미있다. "내가 웃으면 거울이 웃는다."였다. 우쓰미씨는 이 말을 좋아해서, 자신의 좌우명으로 삼고 있다고 한다. 나도 나만의 격언을 가지고 있다. "거울은 먼저 웃지 않는다." 언제 어디서나 먼저 웃음을 보이는 삶을 살고 싶다고 나 자신을 타이른다. 누군가의 해맑은 웃음을 보면 저절로 기분이 좋아진다. 그러나 남의 웃음을 기다릴 것이 없다. 오늘부터는 내가 먼저 좋은 웃음, 좋은 느낌을 누군가에게 전하는 날로 만들어 보는 것이다. 김영숙 시인이 하고 있는 일이다.

김영숙 시인은 행복과 사랑을 습관적으로 가슴에 품고 사는 사람이다. 마음으로부터 기분이 좋아지는 '기쁨'은 사소한 일상에서 발견된다. '기쁨'은 감정과 주관이 포함된 개인의 직관

이기에 조건과 환경은 그다지 중요하지 않다. 학창 시절부터 시작했던 김 시인의 소원 하나가 이제 성취되는 것이다. 조급할 것 없는 생활 속에서 진주를 캐내어 나누어주고 있는 시인이 부럽다.

'길이 가깝다고 해도 가지 않으면 도달하지 못하며, 일이 작다고 해도 행하지 않으면 성취되지 않는다.'고 했으니 김영숙 시인은 그런 걸 미리 알고 행해오는 사람이다. 오늘도 뜨거운 태양을 피해 일상에 찌든 모든 것들을 일상생활에서 흐르는 땀으로 씻어 내리고 내일의 활력을 불어 넣어주는 자연에 순응하며 살고 있다.

끝으로 한 가지 부탁하고자 하는 것은 일상생활이라는 시의 영역에서 벗어나 이제는 더 넓은 세계로 눈을 돌려 달라는 것이다. 시 속에 자신의 모든 것이 담긴다고 할 때 그의 영역은 넓으면 넓을수록 좋을 것이라는 생각해서 하는 말이다.

앞으로도 자신의 사업을 충실히 하면서 제2, 3 시집 출간을 기대하며 계속 대전시단을 넘어 한국시단의 주축으로 자리를 굳건히 지켜주기를 바라면서 글을 맺는다.

별똥 떨어지는 밤이 그립다

김영숙 시집

발 행 일 | 2015년 11월 20일
지 은 이 | 김영숙
발 행 인 | 李憲錫
발 행 처 | 오늘의문학사
출판등록 | 제55호(1993년 6월 23일)
주 소 | 대전광역시 동구 대전로 867번길 52(삼성동 한밭오피스텔 401호)
전화번호 | (042)624-2980
팩시밀리 | (042)628-2983
홈페이지 | http://www.lito77.co.kr(홈페이지)
전자우편 | hs2980@hanmail.net

공 급 처 | 한국출판협동조합
주문전화 | (070)7119-1741~2
팩시밀리 | (031)944-8234~6

ISBN 978-89-5669--721-5 03810
값 8,000원

* 이 책은 ㈜교보문고에서 E-Book(전자책)으로 제작 · 판매합니다.
* 잘못 제작된 책은 바꾸어 드립니다.